Mandie Davis

illustré par Alain Blancbec

Pour Russell et Sheryl,
les corbeaux taquins
qui attaquent nos fenêtres !

Reprinted (version 2) July 2020
First published by Les Puces Ltd in December 2014
ISBN 9780993156908

Egalement disponible chez Les Puces

Consultez notre boutique en ligne sur www.lespuces.co.uk

Le Corbeau
Taquin

Le corbeau taquin.

Les plumes noires,

le bec noir,

les griffes noires,

les yeux brillants et noirs.

Écoute ! "Caw, caw, caw !"

il rit.

Le corbeau taquin aime
casser les fenêtres et
voler des choses.
Tap, tap, tap !
Crack, crack, crack !

Où est-il maintenant ?

Il est dans l'abri de jardin.

Il vole les tomates.

Du rouge sur ses plumes,

du rouge sur son bec,

du rouge sur ses griffes,

du rouge partout !

Il est noir et rouge.

Écoute ! "Caw, caw, caw !"

il rit en s'envolant !

Tap, tap, tap !
Crack, crack, crack !
Que fait-il maintenant ?
Oh non ! Il tape sur la
fenêtre d'un studio
d'artiste et la casse.

VERT
VERT

Il ouvre la peinture.
Du vert sur ses plumes,
du vert sur son bec,
du vert sur ses griffes,
du vert partout !
Il est noir et rouge et vert.
Écoute ! "Caw, caw, caw !"
il rit en s'envolant.

PAIN

Tap, tap, tap !

Crack, crack, crack !

Où est-il maintenant ? Oh non !

Il est dans la boulangerie où il trouve

de la farine. Il déchire les sacs.

Du blanc sur ses plumes,

du blanc sur son bec,

du blanc sur ses griffes,

du blanc partout !

Il est noir et rouge et vert et blanc.

Écoute ! "Caw, caw, caw !"

il rit en s'envolant.

Tap, tap, tap !
Crack, crack, crack !
Où est-il maintenant ? Oh non !
Il est dans la cuisine de l'école.
Il picore une citrouille !
De l'orange sur ses plumes,
de l'orange sur son bec,
de l'orange sur ses griffes,
de l'orange partout !
Il est noir et rouge et vert et
blanc et orange.
Écoute ! "Caw, caw, caw !"
il rit en s'envolant.

VIOLETS

Tap, tap, tap !
Crack, crack, crack !
Où est-il maintenant ? Oh non !
Il est dans un magasin de
bonbons. Il picore dans le pot et
renverse les bonbons.
Du jaune sur ses plumes,
du jaune sur son bec,
du jaune sur ses griffes,
du jaune partout !
Il est noir et rouge et vert et blanc
et orange et jaune.
Écoute ! "Caw, caw, caw !"
il rit en s'envolant.

Le corbeau taquin.

Il vole en ville.

Il va vers la plus grande tour.

Tap, tap, tap !

Crack, crack, crack !

Où est-il maintenant ?

Ooh la la !!!

Il est à la tour Eiffel.

Sur les tables du restaurant,

il met en lambeaux les serviettes.

Du violet sur ses plumes,

du violet sur son bec,

du violet sur ses griffes,

du violet partout !

Il est noir et rouge et vert et blanc

et orange et jaune et violet.

Écoute ! "Caw, caw, caw !"

il rit en s'envolant.

Écoute ! Coo, coo, coo !

Ce sont les pigeons de la ville.

Ils chassent le corbeau taquin.

Ils le chassent à travers la ville.

"Va-t'en ! Va-t'en !" crient-ils.

Le corbeau taquin plonge dans
la Seine pour s'échapper.
Sous l'eau il glisse.
L'eau est bleu.
Du bleu sur ses plumes,
du bleu sur son bec,
du bleu sur ses griffes,
du bleu partout.
Mais...toutes les couleurs s'en
vont; rouge et vert et blanc et
orange et jaune et violet et
bleu, comme un arc-en-ciel.

Il remonte à la surface, saute
dans les airs, et retourne à la
campagne aussi vite qu'il le peut !
Écoute ! "Caw, caw, caw !"
il rit en s'envolant.

Le corbeau taquin.
Les plumes noires,
le bec noir,
les griffes noirs
les yeux brillants et noirs.
Écoute ! "Caw, caw, caw !"
il rit.

Fuchsia

Aubergine

Taupe

Turquoise

Mustard Yellow

Grass Green

Lilac

Sky Blue

Grey

Plum

Salmon

Light Blue

Marron chocolat
Chocolate Brown

Lemon Yellow

Orange
Orange

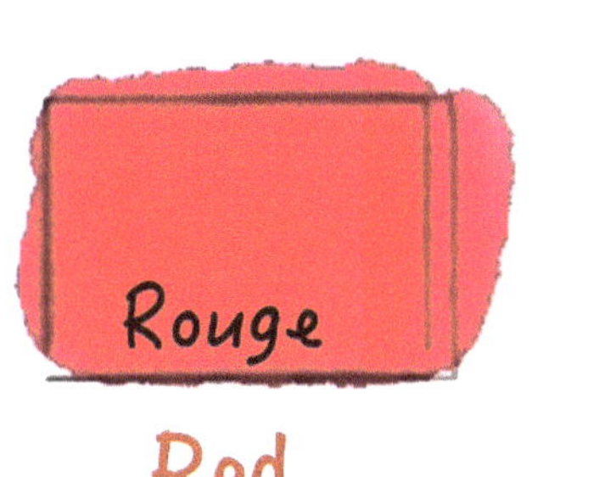

Red

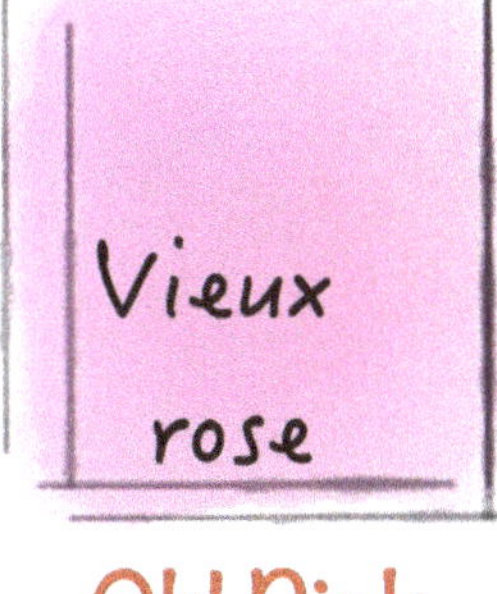

Old Pink

Aniseed Green

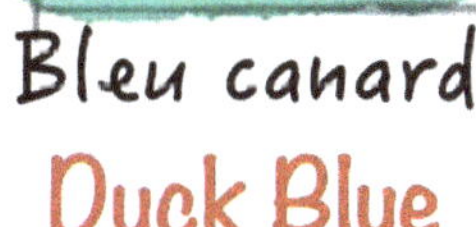

Duck Blue

Khaki

Mouse Grey

Raspberry

Royal Blue

Olive

The cheeky crow.
Black feathers,
black beak,
black claws,
black shiny eyes.
Listen! "Caw, caw, caw!"
he laughs.

He comes back to the surface,
leaps into the air, and returns
to the countryside as quickly
as he can!
Listen! "Caw, caw, caw!"
he laughs as he flies away.

The cheeky crow dives into the
river Seine to escape.
Under the water he glides.
The water is blue.
Blue on his feathers,
blue on his beak,
blue on his claws,
blue everywhere!
But...all the colours wash away;
red and green and white and
orange and yellow and purple and
blue, like a rainbow.

Listen! Coo, coo, coo!
It's the town pigeons.
They chase the cheeky crow.
They chase him across the city.
"Go away! Go away!" they shout.

Where is he now?
Oh my goodness!!!
He is at the Eiffel Tower!
On the restaurant tables,
he shreds the napkins.
Purple on his feathers,
purple on his beak,
purple on his claws,
purple everywhere!
He is black and red and green
and white and orange and
yellow and purple.
Listen! "Caw, caw, caw!"
he laughs as he flies away.

The cheeky crow flies to
the town. He goes towards
the highest tower.
Tap, tap, tap!
Crack, crack, crack!

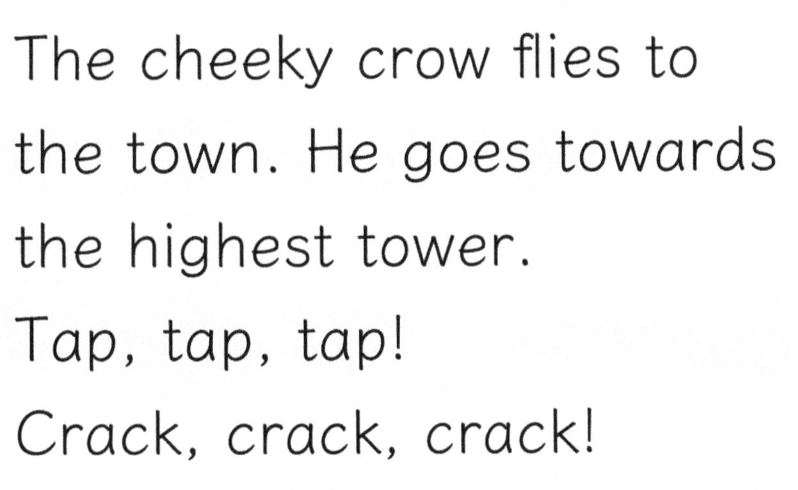

Tap, tap, tap!
Crack, crack, crack!
Where is he now? Oh no!
He is in a sweet shop. He pecks
at a jar and spills the sweets.
Yellow on his feathers,
yellow on his beak,
yellow on his claws,
yellow everywhere!
He is black and red and green
and white and orange and yellow.
Listen! "Caw, caw, caw!"
he laughs as he flies away.

VIOLETS

Tap, tap, tap!
Crack, crack, crack!
Where is he now? Oh no!
He is in the school kitchen.
He pecks at a pumpkin.
Orange on his feathers,
orange on his beak,
orange on his claws,
orange everywhere!
He is black and red and green
and white and orange.
Listen! "Caw, caw, caw!"
he laughs as he flies away.

Tap, tap, tap!
Crack, crack, crack!
Where is he now? Oh no!
He is in the bakery, where
he finds the flour.
He tears the sacks.
White on his feathers,
white on his beak,
white on his claws,
white everywhere!
He is black and red and
green and white.
Listen! "Caw, caw, caw!"
he laughs as he flies away.

PAIN

He opens the paint.
Green on his feathers,
green on his beak,
green on his claws,
green everywhere!
He is black and red and green.
Listen! "Caw, caw, caw!"
he laughs as he flies away.

Tap, tap, tap!
Crack, crack, crack!
Where is he now?
Oh no! He taps on the
window of an artist's
studio and breaks it.

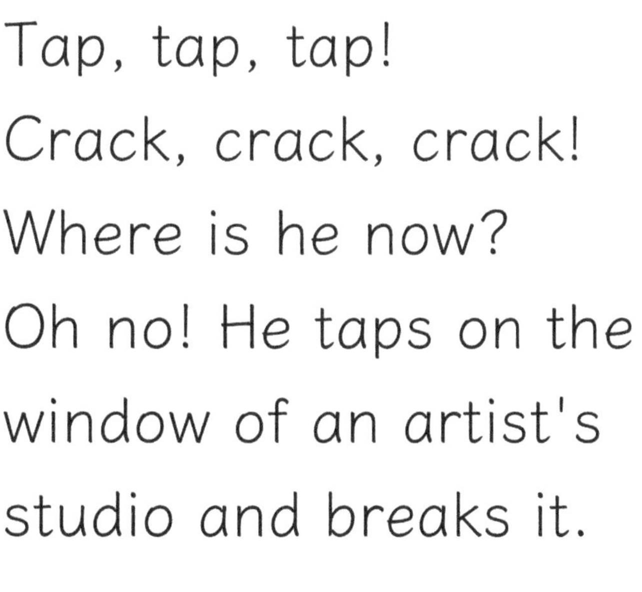

Where is he now?
He is in a garden shed.
He steals tomatoes.
Red on his feathers,
red on his beak,
red on his claws,
red everywhere!
He is black and red.
Listen! "Caw, caw, caw"
he laughs as he flies away.

The cheeky crow
loves breaking windows
and stealing things.
Tap, tap, tap!
Crack, crack, crack!

The cheeky crow.
Black feathers,
black beak,
black claws,
black shiny eyes.
Listen! "Caw, caw, caw!"
he laughs.

The Cheeky Crow

Also available from Les Puces

Visit the shop on our website at www.lespuces.co.uk

    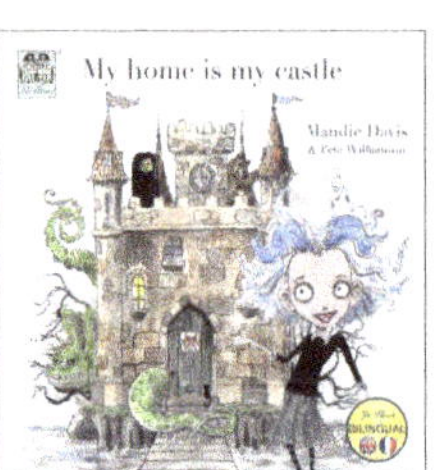

Mandie Davis

illustrated by Alain Blancbec

For Russell and Sheryl,
the cheeky crows
who attack our windows!

Reprinted (version 2) July 2020
First published by Les Puces Ltd in December 2014
ISBN 9780993156908
© December 2014 Les Puces Ltd. Printed in England
www.lespuces.co.uk
Original artwork © December 2014 Alain Blancbec and Les Puces Ltd

www.ingramcontent.com/pod-product-compliance
Lightning Source LLC
Chambersburg PA
CBHW041039050726
47599CB00018B/2025